보통의 종말

尹棟廈

보통의 종말

보통의 종말

윤동하 지음

윤문출판사

머리말

사실은 없다.
어떤 완성된 것도 존재하지 않는다.
모든 것은 지나가고 흘러간다.

바로 이렇게,
완전하지 않기 때문에 우리는
모든 가능성의 길에 열려있는 존재가 된다.

인간은 비로소 자신이 불완전하다는 것을
인정하는 순간으로부터 나아간다.

자신의 호흡을 **인식**하는 수많은 '나'라는 존재들을
마침내 인간으로,

숭고한 삶의 태동으로 거듭나게 하는 것은
많은 상처를 딛고 일어나는 그들의 생동성에 있다.

우리는 거듭 인간으로 존재해야 한다.

생명이 아닌, 존재로서의 존재
인식하고 사유하며 깨달아 가는 존재
삶이라는 연속을 통해 차이를 증명하는 존재

그렇지 않고서는 여전히 자신을 찾지 못한 채
방황하는 공허한 **생존**이 될 것이기 때문에.

차례

머리말	7
헛된 희망	13
드러나다	16
고백	18
대지의 말	20
별에게	22
별의 목격	24
자신	26
자연에게	27
여행자의 자질	29
심연으로	31
비워내는 것	32
우리의 하늘	34
작은 생명에게	36
무엇이 다르니	38
삶으로	39
떠내려간다	41
괜찮지 않다	43

죽음	45
실존	47
모순의 숲	49
중독과 무기력증	52
최단 경로	54
새벽녘	57
無를 목격하다	60
새로운 감각의 이중성	62
죄가 없다	65
세계는 돌아온다	68
쓰나미	70
말하라	73
처단	75
항성의 기억	78
반데르발스	80
허상	83
다짐	85
선언문(꿈에게)	88

사라진 영혼으로부터	91
우주인	93
꿈속에서	98
오아시스	100
다만 나 자신에게	104
천 개의 폭포 사이로	106
죽음 앞에 서서	109
보통의 종말	111
예술가의 숙명	114
마지막 편지	116
안식	118
유산	119
작심	121
악마의 초대	123

헛된 희망

일상으로서는 다름에 이르지 못한다
사유엔 지나치게 많은 역사가 깃들어 있다

인간이 자연을 넘어 존재할 수 없고
사유가 역사를 초월해 위치할 수 없고

인식이 감각을 뛰어넘을 수 없으며
지식이 정보를 뛰어넘을 수 없다

나는 많은 이들과는 반대로
사유에 일상이 깃들어 있지만

그럼에도 인간이 아닌 것이 될 수는 없다

인간적인, 너무나 인간적인 존재이기 때문에
이 모든 증명이 인간적인 것에 불과하다면

조금은 달라야겠지

바닥을 나뒹구는 흔해빠진 나사들 사이에서
어떤 대단한 쓰임도 찾기 힘들다면

유별나게 뾰족하거나 울퉁불퉁한
다른 쓰임이라도 있어야겠지

나를 표현하는 방식이 단지 별 볼일 없는 산문이라면
심각할 만큼 두꺼운 백과사전의 어느 한 구절이겠지

그러나 그 일말의 가능성

나의 예민한 감각으로 사유를 풀어내는 것은
바로 그 일말의 가능성에 희망을 거는 거겠지

파도를 타는 새가 느낄
다른 바다로부터

숲을 거니는 사슴이 보게 될
다른 땅으로부터
내가 아무것도 아니라면

또 다시 다른 내가 하늘 위로 숨어들 때

앞으로 더 무한히 생성될 더 많은 인간적인
혹은 인간적이지 않은 어떤 바람으로부터

어쩌면 조금 다른 날이
어쩌면 조금 다른 의미가
어쩌면 조금 다른 희망과 상처가

작은 마음에 깃들어
함께할 수 있기를 바랄 뿐이겠지

이런 연약한 나로부터

잔뜩 몸을 부풀린 복어처럼
진지하거나 심각하게 가시를 내세우며

이러한 삶도 있음이
이것이 나만의 죽음임이
증명되기를 바랄 뿐이겠지.

드러나다

거짓이 아닌 거짓들 사이에서
방황하는 고뇌의 역사는 무엇을 말하는가

진실이 아닌 진실들 속에서
시들어가는 과정의 노고는 무엇을 통해 증명되는가

—

부정될 수 없는 것
거짓일 수 없는 것

되돌릴 수 없으며, 반복될 수밖에 없는 것
진실되어야만 하는 것

일말의 여지없이 오직 진행하기만 하는
부득이한 방향성이 매몰차게 녹아드는 곳

삶
역사

부서지는 조각과
가장 단단하고 깊은 곳을 밀어내는 뿌리

단지 증명할 뿐
소리 낼 뿐

생동할 뿐

그러나 저물어 갈 뿐

고백

지나치게 솔직한 저항은
때로 위로가 되었을까

그것이 진정 필요했던 것일까

고뇌야말로 역사의 파편이었을까

어쩌면 망각이야말로
우리들의 무지야말로

그들이 진정 원했던 것이 아니었을까

그리고 다시 한번 그대에게

당신은

진실을 사랑하는가

고독을 마주할 용기가 있는가

자신의 삶을 사랑할 지혜가 있는가

당신은
오직 자신을 위해

기꺼이 자신의 삶을 살아가고 있는가

대지의 말

지대한 광활함
한없는 초라함

위대한 동경
거짓된 발걸음

아, 오랜 시간 밤을 숨겨온 인간은
무한히 지속되는 아침에
모든 이상을 침대 아래에 두기 위해 인고해왔다

그러나 이제 부풀려졌던 영혼의 폭식으로부터
모든 것을 되돌리고 싶어 한다

자신을 잃어버린 자의 처량함
거친 소음과 매캐한 연기

왜곡하는 거울과
굴절을 진실로 믿고자 하는 병든 마음

바로 그 뒤에 있는 자신을 지워버린 자,

다시 대지로 눈을 돌려
부스러지는 땅을 보라!

모든 사라지는 땅
우리 자신

모든 사라지는 것이 형성한
사라지지 않는 땅

광활한 대지

병든 영혼이 죽어나가는 생명의 땅
우리 자신

언덕 아래 대지의 그림자
평생 뒤를 보지 못하는 존재의 비애(悲哀).

별에게

불확실성이라는 이름의 바다엔
확실성이라는 인어가 산다

사람들은 자욱한 안개 속을 항해하며
추측하고, 상상하고, 확신하고, 떠들다

끝내 어딘지 모를 푸른 곳에서
자신을 잃어버린 채 돌아오지 못했다

그것조차 그대들의 삶이기에
크게 소리 내지는 못하지만

어쩌면 환상을 파헤치고
자신의 위치를 찾아 나아가는

새로운 별에게 —

너의 숙명, 인간이라는 이름은
불확실성의 터전이다

그러나 그로부터
가능성이라는 이름의 초원이 펼쳐친다
완전함이라는 허상, 그 권력을 죽이고 떠나라

그대가 갈라가는 대지는
창조의 틈을 뚫고 나아갈 것이니!

별의 목격

진실을 파헤치는 인간은 그리 많지 않았다

진실로부터 보이지도 않을 만큼 멀리 떨어진 인간
멀리 떨어져 진실을 주시하는 인간
진실을 파헤치는 인간을 동경하는 인간
경멸하는 인간

그들 모두는 실로 진실이 아니라
진실을 파헤치던 이들의 증언으로부터
세계를 구성했다

즉, 그들에게 중요한 것은 진실이 아니었다

진실이 없다는 사실로부터
바로 그 진실로부터 멀리 떨어진 채

진실이라는 믿음
그러한 종류의 종교가 필요했던 것이다

그리고 이 광신도들의 세상에서

저기 어떤 인간이

올라갔던 계단을 조금씩 내려가며
목격하고, 말하고
때로는 침묵하며
기다리고 있다

수많은 거짓 위에 서기 위해

또 다른 계단을 놓기 위해.

자신

보이지 않는 곳에 있으며
더 이상 가까워질 수도 없는

그렇기에 언제나 외면당하고
속고, 숨겨지며
잊혀지기를 반복하는 것

다만, 언제나 그 그림자로
생을 함께 하는 것

그 마지막 순간에서야 진정으로
돌아보게 되는 것

자연에게

아, 우리 인간이 여전히
그리고 영원히 존재하는 곳
자연

우리의 개념에게 —

네가 영원히 고정될 수 없는 것이라면
한없는 무한함을 가진 것이라면

나는 그것으로부터 더 멀리 뻗어가겠다

그 파도에 몸을 싣고
더 거대한 물결을 만들어가겠다

나는 살아있음으로 자연이라는 숙명을 떠안고
개념이라는 불확실성으로 말한다

그 불확실성
그 태초의 불확실성이었던 자연으로부터
내가 살아있음을 말한다

나는 그렇게 살아있는 존재로 살아간다

그렇게 또 하나의 세계가 태어난다.

여행자의 자질

달의 중력과
지구의 원심력
태양의 인력 아래

거칠게 요동치는 바다는
우리에게 지나치게 넓다

우리는 제 자리에 떠 있지 못하고
이리저리 흔들리고 휘둘리며 표류한다

이 정처 없는 표류는 계속되지만
그것이 반복됨을 포착할 때

일정한 방향과 속도로
나를 떠미는 것을 목격할 때

우리는 비로소 우리의 위치를 자각한다

흐름에 끌려 다니지 않고
언제나 반대로 움직이며
중심을 잡는 것

그것으로 거친 항해를
원하는 방향으로 돌려놓는 것

여행자의 자질과
폭풍을 뚫고 가는 힘

감정이라는 바다로부터 ―

심연으로

심연으로 내려가

우리의 모든 힘을
귀를 기울이는 데 쏟자

우리의 영혼으로부터
멀어지는 것으로
다가가자

이 모순된 고리를
부서뜨리기보다

천천히
조용히 해체하자

너무 빨리 떠내려가지 않기 위해.

비워내는 것

비워내는 것은
가뭄이 아니라 호수를 말한다

많은 생명이 살아 숨 쉬지만
잔잔하며

작은 조약돌에 요동치지만
고요하다

생명을 담아낼 그릇
작은 움직임을 포착하는 예민한 통찰

수용할 수 있으며
포용할 수 있고

이해할 수 있으며

인내할 수 있는

담대한 호수를 만드는 것

욕망으로 메말라가는 땅을
비워내는 것.

우리의 하늘

두텁게 쌓인 구름을 찢고 나오는
하늘을 보라

저 좁은 틈으로 보이는 광활함은
우리의 하늘

우리에게 더없이 많은 기회를 부여하는
우리의 하늘

많은 날 무심코 지나쳐버린
우리의 하늘

작은 몸짓 하나로 마주할 수 있는
우리의 숭고

매일 다르게 떠오른 하늘을 마주하라

매일 다르게 떠오르는
삶을 마주하라

매일 다르게 떠오르는
하늘로부터

매일 새로운 삶을 발견하라.

작은 생명에게

지저귀는 작은 생명아
나는 오로지 사랑만을 주고 싶다
네가 오직 행복하기만을 바란다

그러나 너에게 고통이 없다면
아픔이 없다면

너의 행복이 무엇이랴

너의 한없는 가난으로부터
너는 네가 행하는 모든 것
그 태초의 호흡을 사랑할 수 있는 사람이 된다

너는 세상에 태어났으므로
고통과 인고를 뚫고 나가야 한다

거친 비바람은 영원하지 않고
그 끝엔 전에 없던 평화가 있다

그 어둠이 걷힐 때 너는 빛을 본다

바로 그 빛으로부터
찰나를 살아가거라

매 순간 새로운 빛을 가슴에 품고
눈보라를, 그 어둠을 사랑하여라

그 어둠이야말로
진정 네 가슴 속의 빛을 찬란하게 비출 테니.

무엇이 다르니

너의 국가
너의 지역
너의 학교
너의 문화

그리고 지금 너의 자리

그곳에서 너는 무엇이 다르니

너는 무엇이니

너는 무엇으로부터
너라는 사람으로 살아가니

너는 무엇으로부터
너라는 사람이 되어가니.

삶으로

지식이라는 거짓
생각이라는 환상

앎이란 무엇인가?
언어란 무엇인가?

무엇을 알고자 하며
어떤 개념을 인식하고자 하는가?

무엇을 채워가고자 하나?
무엇이 중요한가?

그렇다면 왜?

아니요,
저는 무상(無常)을 말하고 있지 않습니다.

다만,
삶에 대해서
사유의 깊이에 대해서
말하고 있을 뿐입니다.

모든 것은 결국
삶으로 돌아가야 하지 않겠습니까.

떠내려간다

아, 우리의 동지가
나의 벗이

거친 홍수에 잠겨
떠내려간다

스스로 제 발을 절단하고
떠내려간다

걷는 것이 힘들어 그랬나
숨 쉬는 것이 버거워 그랬나

집을 짓자
나를, 우리 자신을 지키자

아무리 말한들 소용이 없더라

그렇게 언어를 잃어가더라

그렇게 세계를 잃어가더라

괜찮지 않다

전혀 괜찮지가 않음에도
괜찮다고 속삭이는
죽어가는 영혼

사람이 무섭다

네가 괜찮다니
너도 그렇다니

모두가 괜찮은 줄 안다
그게 당연한 줄 안다

너도 알고 너도 알고
너도 보고 너도 보고

'나'가 아니라 '너'로 산다

괜찮지 않다
괜찮지 않다고 말하니
듣지 않는다

너도 괜찮고 너도 괜찮다는데

나는 괜찮지 않다고 말한다

그래,
괜찮지 않다고.

죽음

저 아름다운 자연을
바라보고 있다는 것

이로부터
눈을 떼고 싶지 않다는 감정적 충동은

나의 유한함을 자각하게 했다

이 순간이 영원히 다시 오지 않음을
나는 언제나 저물어 가는 생명으로서
찰나를 살아감을

인식할 수 있었다

이로부터 거듭나는
내 속의 감각들

어느 때보다 예민하게 생동하는
무의식적인 본능으로부터

인간이라는 존재
존재자로서의 본질을

사유할 수 있었다

그리고 죽음으로부터

죽음에 대한 인식으로부터
죽음에 대한 사유로부터
죽음이라는 본질을 상기함으로부터

삶을 다시 살아가게 된다는 것을
깨닫고 있었다.

실존

어떤 순간에도
머물러 있지 않는다

주저하거나 지체하지도
인내하지도 않는다

물이 완전히 말라버리기 전까지
쉴 새 없이 떨어지는 폭포와 같다

생명이란
잉태의 순간부터
이러한 운명을 타고 난다

그렇기 때문에
우리도 머물러 있을 수 없지 않느냐고

주저하거나 지체할 수도
기다리고만 있을 수도 없지 않느냐고

그렇게 말해왔다

우리도 그 속에서 열심히 걸어야지

여전히 흘러가고 있으니
언제나 그 끝이 기다리고 있으니

힘을 내야지

지쳐 쓰러지더라도
기다려주지 않기 때문에

이 운동성, 그 흐름이라는 건
가차 없는 실존
그 자체이기 때문에.

모순의 숲

떠다니는 새도
깊게 뿌리내린 나무도
높아만 보이는 하늘도
끝없이 빛을 내는 태양과
상상조차 불가능하며 동시에
모든 것을 담고 있는 저 우주도

목적이 없다

의미도 책임도
이성도 도덕도
없다

모든 것은 그저
존재와 비존재의 경계를
순환할 뿐이다

이러한 무(無)목적성은

이성을 가진 사람들의 공간을
공(空)으로 만들었다

하늘 위 비밀을 파헤치던 사람들이
다리에서 떨어졌고
상상력을 녹여내던 화가들이
비명을 질러댔다

우리는 모든 것에
스스로 의미를 부여해야 했고

완전한 무(無)로부터 유(有)를 창조해야 했다

이러한 과정은 역설적으로 무(無)의 가치를 깨닫게 하여
유(有)무(無)는 무한히 순환되었고
윤회(輪廻)의 시대가 형성되었다

이러한 결과로 사유하는 정신의 가장 깊은 곳에는
공(空)을 담아낸 사유의 숲이 번식했다

모든 것이 가능한
하지만 어떤 목적도 없으며
단지, 모든 의미의 시작이자 끝이 되는

인간이라는 세계,
모순이라는 이름의 숲.

중독과 무기력증

피어나기를 두려워하여
땅속에서 질식하기를
자처하는 시대

스스로 솟아나기를 거부하여
뽑히고 내던져지는 시대

지나친 자극으로 인한 통증에도
더 강한 자극을 갈망하는 시대

이 모든 사실을 인지함에도
스스로 외면하고

멀어지기 위해
발버둥 치는 시대

인간이라는 숙명
그 가능성으로부터
뒷걸음질 치는 시대

중독과 무기력증
언제나
그 사이 어딘가를
헤매이는 시대.

최단 경로

예민하게 감각하는 인간에겐
많은 상처가 깃들어 있다

그 흉터는 서서히 흔적을 만들고
찢어진 살결로부터

존재는 의문을 남겨간다

그는 새벽녘에 떠오르는 태양을 바라보며

자신이 왜 이곳에 있어야 하는지 묻고
자신이 어디로 가야 하는지
이곳에서 벗어날 방법은 없는지 따지다

이내 슬픔에 잠긴다

알 수 없는 존재가 남긴 흔적
그 통증으로부터

묻고 따지고 슬퍼하고
도망가기를 반복하던 그는

자신의 몸이 온갖 상처로
가득할 때가 되어서야

이 상처의 근원
마음이라는 것

원하지 않았던 고통과
고통으로부터 멀어질 수 없는
육체와 정신

그리고 이내 시간성 앞에 소멸하는
미래의 자신에게 도달한다

그렇다
그 흔적이야말로
가장 가까운 길이었던 것이다

자기 자신에게 도달하는
가장 가까운 길.

새벽녘

알 수 없는 존재
당신은 누구인가

나는 나이고 싶다

나의 그림자인 당신은
왜 내게서 나를 떼 놓으려 하는가

나는 아픔과 슬픔
불안과 상처를
원하지 않는다

나는 고통을 원하지 않는다

당신은 왜 항상 나에게 가시를 세우고
내가 사람과 관계하는 것을 예의주시 하는가

나를 내버려 두어라

아, 하늘이여
저 높은 내 마음의 하늘이여

내 세상은 너무나 가혹하다
언제나 저 날카로운 송곳이
내 심장을 향해 발톱을 세우고 있다

나는 왜 끝없는 불안 속에서
살아있어야 하는가

도대체 왜 관통당한 심장이 멈추질 않는가!

아, 존재여

내가 존재이기 때문에
고통으로부터 멀어질 수 없다면

삶이란 무엇이란 말인가

나는 어찌 호흡조차 마음대로 할 수 없는가

통제당하고 강제되는 것이야 말로 존재의 본질인가!

시간이여 나에게 오라

나를 저 멀리
내 힘조차 닿지 않는
아득한 곳에 흩뿌려다오

통제당하는 삶은 삶이 아니다

나는 죽어있다

죽음을 원한다!

'그렇게 그의 새벽녘이 지나고 있었다.'

無를 목격하다

이윽고 나 자신에 도달한 존재는
가장 먼저 나 자신이 없었음을 깨닫는다

세상에 던져졌음으로부터

무엇하나 스스로 결정한 것이 없으며
어떤 감정도 원해서 느끼는 것이 아니며
어떤 생각도 자유의지로부터 발생한 것이 아님을

인식하며 동시에

저 달이 수없이 떨어지는 것을
우리가 잠에 든 사이에
도둑처럼 사라지는 것을 알게 된다

그리고 그는 이렇게 말한다

"어디에도 나 자신이 존재하지 않으며
내일의 해가 또다시 떠오르고 있다

내가 그동안 믿었던 나의 삶은 도대체 무엇이었나

나는 무엇을 할 수 있나

나는 무엇으로부터
은밀하게 다가오는 저 달을 맞이해야 하나

나는 어느 날 저 달과 함께 떨어질 것이 아닌가
내일의 해가 떠오름에도..."

이러한 말을 읊조리며

그는 마침내 자신을 목격하고 있음을
통렬하게 직감하고 있었다.

새로운 감각의 이중성

사람들은 말해왔다

새로운 감각이 필요하다고
멀리 떠나야만 한다고

그래서 나는 그들에게 물었다

"당신은 내일을 기억하나요?"

한때는 나도 내일을 기억한다고 믿었다

높이 올라갈수록
멀리 떠나갈수록

다른 차원에서 날아온 바람과
방금 심장이 소생한 듯한 공기가

목을 타고 흐르는 것 같았다

나 역시 떠나야만 한다고 믿었다

새로운 감각들
처음 보는 나무와
꽃의 향기

역사로 수립된 새로운 공간

공간성에 중첩된 시간성
완전한 상대성이 필요하다고 믿었다

그러나
내일이 내일이라는 것은
변하지 않고

반복이 차이라는 것 역시
변하지 않는다

다만, 인식하지 못하고
창조하지 못하기에

공간성이라는
절대성이 필요할 뿐이다

자유롭지 못하다고 느끼기에
자신을 찾아 떠나야 할 뿐이다.

죄가 없다

살아있는 것은 행위된다
죽은 것은 진행된다

살아나지 못한 것은 파괴되고
죽어가지 못한 것은 소멸된다

아, 꿈꾸는 자들이여
밤을 살아가는 자들이여

행위는 반드시 된다!

그렇기에 그대들은 죄가 없다

바위처럼 침식되는 정신
거울처럼 부서지는 욕망
안개처럼 사라지는 육체

부엉이처럼 밤에만 깨어있는 그대들이
단지 꿈을 꾼다는 것은 어쩔 수 없는 일이다

모든 행위가 되어진다는 것은
갖가지 속임수와 함정으로 가득한
미로에 숨겨져 있다

그것은 살아있기를 포기한
죽음을 각오한 시인의 특권이며

거대한 피라미드를 파헤친
고고학자의 유산이다

그는 알 수 없는 언어들을 해석하고
함정의 설계자가 되어 그 끝에 도달했다

그리고 그것이 꺼낼 수 없는
동굴의 심장임을 파악하고

그림을 그렸다
아니, 그림이 그려졌다!

그것이 진실이다

우리에겐 죄가 없다.

세계는 돌아온다

타오르는 불꽃에 몸을 던지라거나
깊은 심해를 탐구하라는 말은
사상가들의 잔혹한 거짓말이다

그들은 스스로 빠진 적이 없다
이미 그 속에 있었을 뿐

그리고 살아날 방법
이 세포들의 발버둥으로부터

두꺼운 피부를 만드는 방법을 알게 되고

폐를 짓누르는 심연의 압박으로부터
호흡하는 방법을

자연히 깨닫게 되었던 것이다

그리고는 저 물 밖에 있는 이들을 향해

저 깊은 곳에 진실이 있다고
제 발로 뛰어들라고 강요했다

그러나 어떤 세포가 이를 허락하겠는가

능동과 수동을 구분조차 하지 못하는
가련한 인식은 목숨을 내던지시 못한다

아, 세계는 돌아온다
저 멀리 보이던 모든 것이
인식 앞으로 온다!

자! 다음 발걸음은
타오르는 불꽃 앞에 있다

뜨거운 몸을 녹이기 위해
세포는 바다에 뛰어든다!

필연이다
죽음이다

쓰나미

인간성이 파도처럼 흘러간다

한때는 모든 인간이 고귀하다고 믿었던
그대, 학자들이여

그대들의 시대가 떠나간다

인간성이 파도처럼 밀려온다

나는 저 바다 한 가운데에서
파도를 정면으로 바라보고 넘어선다

그리고 거대한 힘이
지면에 가까워지고 있다

높아져만 가는 파도는

아,
집어 삼킬 것이다
진정, 집어 삼키고야 말 것이다

나에게는 힘이 없다

그대들이 세운 모래성이
어쩌면 거대한 바위가

휩쓸린다

내 앞에서 파도를 일으켰던
그대, 철학자들이여

그대들은 인간이 고귀하지 못하다는 것을 알았음에도
파도를 일으켰다

힘이 한 방향으로 밀려간다

그대들의 의도와는 다르게
지면을 향해 간다

그대들이 사랑한 대지를 향해
솟아오른다

더 이상 멈출 수 없다

사라진다

인간성이 파도처럼 사라져 간다.

말하라

죽음을 목도한 이들이여
삶을 말하라

장엄한 모래성을 쌓아 올리는 이들에게
삶을 말하라

폭풍이 다가오고 있음을 아는 그대들이
삶을 말하라

그대들은 진실만을 말한다
진실을 말하라

거대한 돌풍이 불어오고 있음을
그 뒤에 무엇도 남지 않음을 말하라

삶이 거짓임을 말하라

순결해야 함을 말하라

세계가 소멸하는 순간
온 정신이
마지막 남은 하나의 세포가
눈을 감을 때까지

살아야 함을 말하라

부디 살고 싶다고 말해야 함을
말하라.

처단

지나치다
몰아친다
고요하게 다가온다

무엇도 할 수 없다
무엇을 할 수 있나?

무능력, 신념
거짓, 사라지는 것

잎이 떨어진다
바람이 분다

말라가는가?
아니, 물들어간다

비틀려가는가?
아니, 잠식된다

빠져나간다
지나쳐간다

역사, 힘
폭력, 고리

아니, 잠재울 수 없다
밤이 다가온다
아니, 아침이!

달빛마저 밝다

떠오른다
달은 아침에도 뜬다

억압하라!
고요한 역사여

밀어내라!

차디찬 아침의 이슬이여

퍼부어라!
자욱한 노을이여

집어삼켜라!
안개에 감춰진 깊은 어둠이여

달이 뜬다
그럼에도 달은 뜬다

잉태가 시작된다!

고양이의 목을 절단하라!

항성의 기억

사유가 표범처럼 다가온다

작은 개미가 소리 없이 으스러지고
노랗게 물든 초원의 바람으로부터
오묘한 몸짓이 고독을 찢고

대지를 온몸으로 짓누른다

거대한 힘이 고무줄처럼 튀어 오르고
모든 신경이 몸을 뚫고 나갈 듯 요동친다

아, 심연을 떠돌던 적막인가?
잔뜩 움츠렸던 어둠인가?

태초의 폭발이었던 항성인가?

그러나 그것이 무슨 상관이겠나

우리의 별이 저 땅을 박차고 일어난다!

대지를 움켜쥐고 이내 터트리며
응축된 진동으로부터
모든 존재의 신경을 파열시키고 있다

아, 처절하다
고요로부터 깊은 뿌리가 곤두서고
끊어진 지층이 중력을 위협한다

우리의 본능이 심각할 정도로 가까이 와 있다!

대지여, 우리를 붙잡아다오
어쩌면 터트려다오!

한없이 소리를 지르고
스스로 빛을 내겠다

아득한 우주 어딘가에서.

반데르발스

해변의 모래 알갱이들이
사실을 춤춘다

물살에 쓸려가다
돌아오며
사실을 춤춘다

그는 충실한 안내자
다정한 길잡이
성실한 반데르발스

나를 따르라 소리치던
사실이라는 이름의 반데르발스

오, 그는 지금 어디에 있나
어디로 휩쓸렸나

바다여, 파도여, 바람이여
뜨거운 태양이여

잠시만 시간을 다오
나는 저 길잡이를 따라가야 한다

그대들의 힘은
너무 거칠다

내가 목격하던
오, 나의 반데르발스가 사라진다

머물러다오
세계여!

나의 시선
아니, 우리의 시선은 편협하지 못하다
나는 작은 것을 쫓지 못한다!

나의 길이 물결의 베일을 덮어쓴다
안내자, 오 나의 안내자
사실을 춤추던 반데르발스여

나는 눈을 잃었다
그대가 나의 길잡이인가

당신이 바로 나의 반데르발스인가
나의 길잡이인가

해변의 반데르발스가
사실을 춤춘다.

허상

누가 알았겠나
찬란한 빛이었던 지식이
감옥이 될 줄

누가 알았겠나
유일한 희망이던 지식이
거대한 벽이 될 줄

누가 알았겠나
정보의 바다에
심해가 없다는 것을

누가 알았겠나
정보의 바다에
파도가 치지 않는다는 것을

누가 알았겠나
그 잔잔한 바다에
빠져 죽을 줄

누가 알았겠나
빛을 내는 희망의 바다에서

자신을 잃어갈 줄.

다짐

악취가 가득한 밑바닥
광대들의 도시
죽은 영혼들의 국가

노예의 땅에서

거북한 속을 달래가며
오물을 뒤집어써야 하나?

모든 것이 조작되었음을
모든 인간이 시체임을 알면서
죽은 척해야 하나?

혼자이겠지
처절하게 외롭고 고독하겠지
그렇게 매일, 매 순간 죽어가겠지

허면,
정신을 재단해야 하나?
폐를 뚫어야 하나?

모든 나무와 풀을 자르고
토막 내어야 하나?

홀로 진실을 간직해야 하나?
소리를 질러야 하나?

하니,
귀를 도둑맞은 가냘픈 부엉이를 위해
수화를 배우리라

방향을 상실하고 죽어가는 고래를 위해
나침반을 만드리라

눈과 입
어쩌면 팔과 다리를 상실한 이들을 위해
그늘을 제공하리라

그렇게 살아있으리라

그렇게 일말의 희망이 되리라.

선언문(꿈에게)

꿈이여
어디로 사라졌나

고양이처럼 다가와
사물을 제멋대로 배치하고

중구난방으로 이용해
세계를 엉망으로 만들고는

언제 달처럼 모습을 감췄나

그대는 나의 기억을 헤집어놓고
내가 잠시 한눈을 판 사이
구름 뒤로 숨었다

그대는 오늘의 기억을 불태우고

내일은 새로운 가면을 쓰고 나타나겠지

그러나 나는 그대가 왔다는 사실을 알고 있다!
그대는 매일 찾아온다!

그래, 꿈처럼 다가온 그대
인식이여!

나는 두 번 다시 눈을 깜빡이지 않고
모든 것을 목격하기로 했다

그대가 나의 기억을 헤집어 놓기 직전에
그대가 구성한 모든 세계를 기록하겠다

오직 그대에게만큼은
역사를 기록하는 사관으로 기억되겠다

사유라는 이름의 그대
꿈이여!

인간은 반드시 꿈을 꾼다!
인간은 반드시 잠을 잔다!

노을이 진다,
신경을 곤두세우자!

사라진 영혼으로부터

고장 나지 않는 시계
빨리 감겨라
초침을 밀어내는 사람들

가득 채워진 그림
흘러넘쳐라
페인트를 들이붓는 사람들

아무것도 남지 않은 공허
틀어막아라
온 몸으로 밀어내는 사람들

아무도 없는 섬
혼자 있는 줄 모르고
나룻배 부수어 불을 때고

숨 쉴 틈 없는 도시
혼자 있는 줄 알고
외롭다 소리 지르네

여백뿐인 도화지
구름만 떠다니고

활기차던 마을
적막만이 흐르네

멈추지 않는 시계를 짊어지고

손을 잃은 사람들
소리를 잃은 사람들

영혼을 잃은 사람들

우주인

우주로 돌아가 지구를 물어뜯자

저 욕심 많은 행성은
자신의 세계에 우리를 가두고

푸른 것, 붉은 것
하얗거나 투명한 것을 보여주고

의도적으로 역한 냄새로부터
좋은 향기라는 것을 생성했다

더럽고 어두운 것으로부터
다채롭고 아름다운 것

밝은 것을 감각하도록 강요했다

그렇게 자신에게서 시선을 돌리지 못하도록
환상의 거울을 만들어 마음에 욕망의 씨앗을 심었다

자, 이 작고 소박한 행성에서부터
가장 멀리 도망간 이에게 이야기를 듣자

그의 이야기를 듣고
모두 함께 우주인이 되자!

우주를 보자!

—

가늠할 수 없는 깊고 깊은 어둠에서

무기력, 침묵

상상, 이해, 상식
시간, 공간
인간

바로 그곳에서
인간이 무너지기 시작한다!

인간의 세상이,
우리가 쌓아올린 모든 것이
일순간에 사라진다!

우리의 모든 것에

의미도, 목적도, 책임도
속박도, 강박도
진지함도

소멸하기 시작한다!

그렇다,
이것이 태초의 인간이다

이것이 우리 인간이라는 존재다

전자가 무슨 짓을 벌이든
양자가 어떤 모습으로 관측되든
관측되지 못하든

그것이 무슨 상관인가!

흩어져 버리고 또 다시 나타날

보이지도 않는 존재를
그 누가 억압할 수 있단 말인가!

그것이 우리 존재다
인간이라는 존재!

살아라!
그리고 모든 것을 하라!

모든 무거운 짐이
우리를 속이고 있음을 기억하라!

너무나 가벼운 것이다!

사랑하라!
인생의 모든 것을 사랑하라!

너무나 찰나인 것이다!

슬퍼하고, 기뻐하라!

그것으로 이 보잘 것 없는 삶이
얼마나 다채롭고 아름다운가!

감사하라,
그럼에도 세상에 태어났음을
한없이 감사하라.

—

광활한 우주 어딘가에서,
그럼에도 살아가는

저 아름다운 행성을 향해.

꿈속에서

상상하지 말라더니
말을 늘어놓네

현실을 살라더니
글을 쓰고 있네

사실만을 말하라면서
언어를 끄적이고

알 수 없는 것과 관계하지 말라면서
침묵하지 못하네

대화를 해보자며
꿈속으로 끌고 가고

실제인 줄 알며

관념으로 소통하네

정의될 수 없는 것에
침묵해야 한다면
모든 사람은 벙어리가 되어야 한다네

밤에만 대화를 하기로 하자
좋은 꿈을 꿔보자

언어에는
낮이 없음을 기억하자

말하는 인간은
언제나 잠을 자고 있다네!

오아시스

독수리의 눈을 가진
신기루가 날카롭게 소리를 지른다

"하라!"

공허한 소리
이토록 강렬하며 공허할 수가

오아시스라고 믿는 신기루
간절한 외침
돌아오는 침묵
스쳐가는 외면

하라,
하지 않으면 행해진다!

극도의 피로와 탈수

처형을 기다리는 사람
축 늘어진 머리
예민한 반응들

한 번도 해보지 않아
걷는 방법을 잃어버린 사람

오아시스
그는 거짓을 말한 적이 없다
거짓이라고 믿는 자들만이 있었을 뿐

너무 날카롭다
그래서 두렵다
거짓이어야만 한다

모두가 거짓을 말한다
그렇게 믿는다
진실은 없다

외면하고 침묵해라

나보다 더 불행해라

오아시스,
너는 신기루여라

허상이어라
사라지고 죽어라!

두 번 다시 하라! 고 말하지 말라

여기 굶주린 사체들에겐 힘이 없다!
우린 모두 눈을 가리고 다닌다!

네가 필요하지 않다
하지 않을 것이다

누구도 해서는 안 된다
영원히 힘이 없는 자들로 남을 것이다

하라! 고 말하지 말라
나를 죽이지 말라
나를 두 번 죽이지 말라...

여느 때와 다름없이 폭풍이 불어왔고
비루한 영혼은 거닐고

날카로운 소리는 계속되다
잠들고

꿈틀거리고
올라가고

사라지고.

다만 나 자신에게

힘, 폭력
억압

물론 그것이나
어쩌면 그것이나

아무런 힘이 없다

언어, 침묵
소리

물론 나 자신에게나
어쩌면 너에게나

쓰러지지만은 않기를

이 미약한 속삭임이

물론 나 자신에게나
어쩌면 너에게

무(無), 허(虛)
침(沈), 윤회(輪廻)

물론 이것으로부터

어쩌면 조금은 넘어서.

천 개의 폭포 사이로

천 개의 폭포가 쏟아진다

무분별하게 조합된 물줄기가 얽히고설켜
이름도 진실도 보이지 않는다

계곡을 찾아야 하는데,

온갖 바위를 비집고
풀과 산을 타고 흐르는
푸른 계곡을 찾아야 하는데,

광폭하게 난무하는 의미의 유무

무한히 쏟아지는 것에
지치고 다치고
흘러 흘러 쓸려간다

붙잡자
무엇이든 붙잡고

올라가 보자

떨어지지 말고 광활하게 굴복하지 말고

거슬러 가보자

누가 보나
누가 찾나
누가 아나

그래, 아무도
그 누구도 모르게
감춰지고 잊히고 사라질 수도 있겠지

그러나 내가,
나의 역사를 기억하는 내가
나에게 진실을 말하겠지

죽음이 보여주겠지

나로 살았던 나의 진실

그 처절했던 투쟁을.

죽음 앞에 서서

보물이 가득한 섬
그곳에 모든 것이 있다는 사람들

자신을 내던져가며 악착같이 헤엄치다
바다가 까맣게 물들다

그곳에 모든 목적이 있다며
환상을 사는 사람들

꿈과 희망을 쏟아가다
바다 위 달빛이 잠들다

그곳에 모든 인생이 있다며
시간을 내던지는 사람들

고운 피부, 찬란한 사랑

아리따운 거울 부수어 흘려버리다
바다 아래 역사가 잠기다

돌아오지 않는 것에게
작별을 고하지 못한 자신에게 한 맺혀

과거를 붙들어 매고
먹먹한 바다에서 익사하다

그러나 진실로
빨갛게 이글거리는 햇살엔

태초의 금빛 바다

보물을 찾아 영혼을 내던진 이들이 헤엄치던
타오르던 금빛 바다

머나먼 허상
그 목적이 아니라

헤엄치는 자의 몸을 담고 있는
그 의미로부터.

보통의 종말

아득하게 깊은
빛을 찾을 수 없는 심연

사유의 끝
보통의 종말

인식하는 자들의 심장
깊숙한 어둠에 도사리는 악마

철저한 고독
일상이 되어버린 단절

심각한 대화
자신과의

건네는 말

자신에게

숨어있던 절단
상실, 무능력
미약함

아, 가련한
저 가련한 종말이여

진실을 말하지 말라
체험시키지 말라

피를 깎아 당도한 저 파도 뒤편에
남아있는 것들을 목격하다

깊은 심연에 여전히 무엇인가 살지만
누군가 살았었지만

눈을 포기할 수밖에 없었던
그래서 혼자일 수밖에 없었던

진화의 과정

그것도 아주 보통의.

예술가의 숙명

폭풍이 불어온다

모서리도, 칼날도 없이
거칠게 푸른 잎을 절단하며 다가온다

깊은 뿌리를 뽑아버린 힘
날카롭게 가지를 절단한 선명함

보이지 않는 폭력은
작은 집을 조각내고

발가벗겨진 안식을 억압한다

남은 것이 없다
고통이라는 채찍
고독이라는 가시

그 불쾌한 폭력은

은둔자처럼 다가와
오래된 나무를 부수고

홀연히 사라진다

갈 곳을 잃은 새가 지저귀다 잠들고
떠나야함을 깨닫고

폭풍이 지나간 길을 뒤따른다

아무것도 남지 않은 곳
모두가 사라진 자리

새로운 씨앗이 잠들어 있는 곳에
둥지를 트고

호흡을 가다듬고
멀어지고, 사라지고, 돌아오고.

마지막 편지

초록 줄기 검게 타오르고
재 누운 자리 고요하네

메마를 줄 알았더니
겹겹의 이불 품고
푸른 생명 눈을 뜨네

검게 물들어 시들 줄 알았더니
이부자리 내어주고
더 밝게 빛나는 것을 품었네

재가 되어 빛이 나네
활활 타오르네

불은 꺼지겠지
저 작은 생명은 눈을 뜨겠지

아무것도 모르고 밝게 웃겠지

이보게,
고생 많았네.

편히 쉬게.

안식

피우리라
피우리라

피어나리라
사라지리라

떠나가리라
돌아오리라

떠나가리라
살아가리라

잠들리라
물들리라

유산

한낱 인간의 가련한 인식
끝끝내 도달하지 못하는 어떤 세계

죽음과 가까워질수록
닫힐 준비를 하는 어떤 공간

남겨지다
그러나 남겨지다

한 사람의 세계가 닫히고
오늘을 살아가는 또 다른 사람의

문이 열리다

남겨지다
그렇게 남겨지다

열려있는 세계
닫혀가는 인간

그렇기에 남겨줘야만 하는
그 자신은 도달할 수 없는 저 너머

영원히 누구도 도달할 수 없는 세계 너머

떠나는 운명

공허

삶

살아있기에
그러나 살아있기에

내일을 살아갈 또 다른 아이가 있기에.

작심

가슴에 박히는 대못
빈틈없이 쑤셔대는 강렬한 처형

이보다 더한 고통이 있는가,
삶이야말로 지옥이 아니던가?

죽음에 어떤 고통이 있단 말인가,
죽음이야말로 안식이 아닌가?

그래,
끝내자.

모든 걸 끝내고 자연으로 돌아가자
흙으로, 나무로, 풀로, 꽃으로

돌아가자

생각, 감각, 인식
감정, 집착, 욕망, 분노, 희망, 좌절, 회의, 공허

그 어떤 고문도 없는 곳으로 가자

끝내자
모든 걸 끝내러 가자

자 마지막,
단 한 번의 용기로 모든 것이 끝난다

끝내러 가자.

지금 간다.

악마의 초대

고양된 정신
깜빡이는 빛과 어둠

흔들리는 인식
주체성 없는 자아

의식의 극단이 요동치다
소리 없이 사라지고

사선(死線)의 경계가 몰아친다

사유하라!
모든 것을 사유하라!

저 악마가 우리를 죽음으로 내몰고 있지만,
나는 그곳에서 삶을 본다!

인식을 본다!

나의 의식 속에
빛이 사라진 심연과
어둠이 없는 하늘이 동시에 존재한다!

관념이 차원 너머에 있다!

인간의 능력,
나는 이것이야말로 인간의 능력이라 칭한다!

사유하라!

꿈을 꾼다!

아침에 꿈을 꾸는 인간이야말로 살아있다!

악마여, 더 거칠게 죽음을 보여라!
죽음을 인식 앞으로 끌고 오라!

모든 인간이 종말 앞에서야 사유했던
가장 어두운 밤에 속삭였던 유언이

아침에 다가온다!

목을 조르고
깨부수어

저 악마를 사지로 몰아넣자

그래, 위태롭게
정신의 광기에 휩싸여

죽음을 살아보자!

보통의 종말

1판 1쇄 발행일 | 2025년 9월 5일

지은이 | 윤동하
펴낸이 | 문지원
펴낸곳 | 윤문 출판사
출판사등록 | 2023.02.09.(제2023-000006호)
주 소 | 세종특별자치시 금남면 도남2길 197-3
전 화 | 010-2431-2412
이메일 | dh1189@naver.com

ⓒ 윤문 2025

ISBN : 979-11-982175-0-9